CONSEILLER

DU

COMMERÇANT

CODE

DE

L'EXPÉDITEUR, DU TRANSPORTEUR,

DE

L'ENTREPOSITAIRE ET DU DESTINATAIRE

D'après les Auteurs les plus accrédités sur les Transports

—

DÉLAIS, AVARIES, DÉCHETS ET CREUX DE ROUTE

NIMES

DE L'IMPRIMERIE D. ROGER

à côté de l'église Saint-Paul.

—

1860

CODE

DE

L'EXPÉDITEUR, DU TRANSPORTEUR

ET DU DESTINATAIRE.

35032

(a)

CODE

DE

L'EXPÉDITEUR, DU TRANSPORTEUR

ET DU DESTINATAIRE

D'après les Auteurs les plus accrédités
sur les Transports

DÉLAIS, AVARIES, DÉCHETS

ET CREUX DE ROUTE

NIMES

DE L'IMPRIMERIE D. ROGER

A côté de l'église Saint-Paul

1860

PRÉFACE

—⚬—

Ce sont les temps qui font les livres : ceux-ci sont scientifiques ou spéculatifs, théoriques ou pratiques, sérieux ou légers, selon que la tendance des esprits, l'habitude des idées et les besoins de l'époque les inspirent et les font naître.

L'idée dominante du temps actuel est, il faut bien le reconnaître, une idée marchande, autour de laquelle se groupent toutes les attentions et vers laquelle se dirigent toutes les sollicitudes.

Aussi voyons-nous notre code de commerce se développer et se compléter tous les jours dans l'intérêt des transacteurs, à mesure que de nouveaux litiges surgissent des difficultés nouvelles inhérentes à la nature, à la multiplicité et au mode des opérations commerciales.

L'attention du législateur, si assidue qu'elle soit, ne saurait cependant tout prévoir dans une matière notamment où les divergences se multiplient en raison non-seulement de la diversité des espèces, mais encore de

la différence des occasions, des circonstances et des individus.

Il est toutefois un point important qui apparaît dans
notre code actuel et y domine comme l'étoile polaire au
firmament. Ce point est comme la clé de voûte de l'édifice
commercial ; il est comme le nœud de tous les rapports
et la raison de tous les échanges. Ce point si apparent.
que chacun voit, dont chacun s'occupe depuis le petit
détaillant jusques au grand négociant de gros ; ce point
mis en question tous les jours et à toute heure à cause des
graves intérêts qui s'y rattachent, est peut-être un de
ceux qui sont les moins connus et donnent lieu partant
a de fréquents malentendus, à des contentions préjudi-
ciables, souvent à des procès dispendieux. Ce point si
important, si riche en merveilleux résultats et si gros de
fâcheuses conséquences, est, vous l'avez dit, celui qui a
pour objet l'*Industrie des Transports*.

Nul ne disconviendra que de nos jours la plupart des
succès du commerce, la réussite de bon nombre d'affaires
de toute espèce, et même certaines fortunes tiennent par
quelque bout à ce point devenu pour tous indispensable.

L'extension toujours croissante des relations commerciales, les raports nouveaux que font naître la liberté des
transactions internationales et nos conquêtes dans les
riches pays de l'extrême Orient, vont faire de l'*Industrie
des Transports* comme la mère des industries.

Il nous a donc paru utile, en présence de ces éventuali-
tés d'une part, et des difficultés toujours imminentes de

l'autre, de coordonner dans un volume écrit à la portée de tous, avec le texte de la loi, les explications, les décisions et les arrêts les plus importants émanés des différents tribunaux et de nos cours, relatifs aux diverses espèces qui leur sont soumises sur les *Transports*.

Ce livre, fruit de vingt années d'expérience et d'étude, composé sur les documents les plus authentiques et les plus accrédités, sera pour l'Expéditeur et le Destinataire, pour le Transporteur et son Préposé, comme un phare toujours allumé pour les diriger au milieu de la nuit que la dispute apporte avec elle dans les intelligences les plus droites. Il les éclairera les uns et les autres sur leurs droits et leurs devoirs respectifs ; il sera pour tous un régulateur sage et ami qui les conciliera dans leurs différents, sans préjudice pour leur bourse non plus que pour la bonne harmonie nécessaire dans leurs rapports.

Aussi croyons-nous, en publiant ce livre, remplir pour le commerce une mission sérieuse et d'un haut intérêt. Nous pensons qu'en donnant ainsi à tous les intéressés, négociants et voituriers, notamment aux employés des grandes lignes ferrées, un *manuel-compendium* où sont indiqués et résolus les principaux cas possibles de contestation ou de malentendu, leur rendre un service important dont ils nous sauront d'autant plus gré qu'ils en retireront tous des avantages plus considérables.

Le petit commerce en particulier devra accueillir notre travail avec bonheur ; ceux-là surtout dont les marchandises, par leur nature, ne peuvent supporter de retard sans subir des avaries considérables, seront bien aises d'avoir entre les mains notre livre, qui les éclairera sur ce qu'ils auront à faire, le cas échéant, et les dirigera dans leurs réclamations.

Tous enfin trouveront dans la réalisation de notre pensée une satisfaction sollicitée par les besoins réels de l'époque : le Transporteur, pour régler sa conduite en regard des objets qu'on lui aconfiés; le Commerçant, pour ne former que des réclamations toujours justes, prendre dans son intérèt les précautions utiles et éviter les agissements qui peuvent compromettre ses droits. Nousmême nous y trouverons une satisfaction inappréciable : celle de mettre à la disposition de tous une expérience déjà longue et de conciencieuses études dont le succès de ce petit volume sera le prix le plus doux.

CODE DE L'EXPÉDITEUR

DU TRANSPORTEUR ET DU DESTINATAIRE

NOTIONS GÉNÉRALES.

—

Quoiqu'il semble, dit Domat, que les engagements du voiturier soient les mêmes que ceux du *louage* et du *dépôt*, et qu'ainsi l'on n'ait pas besoin pour eux d'autres règles que de celles de ces deux espèces de convention, la conséquence de la fidélité nécessaire dans ces sortes de profession les assujettit à d'autres règles qui leur sont propres. — Il y a cela encore de particulier dans ces sortes de commerces, que ceux qui les exercent ne pouvant suffire chacun au sien, à cause de la multitude de personnes qui ont à faire à eux et à toute heure, ils sont obligés d'y préposer d'autres personnes : ce qui les force à répondre du fait de ces préposés.

Sous le nom de voituriers par terre et par eau, la loi comprend les entrepreneurs de messageries et roulages publics, même l'administration des postes, les compagnies des chemins de fer, les commissionnaires de roulage, les entrepreneurs de coches, de bateaux à vapeur, de déménagements, les maîtres de barques, les armateurs et capitaines de navires, les fermiers des bacs, enfin les voituriers particuliers de toute nature.

L'on nomme commissionnaire de transport celui qui, traitant en son nom, mais pour le compte d'un commettant, fait des marchés avec des voituriers pour transporter des marchandises d'un lieu dans un autre. — Il ne faut pas confondre le commissionnaire de transport, avec une multitude de personnes qui en prennent le titre et qui expédient des marchandises par des individus à leurs gages, ou conviennent avec des voituriers ou bateliers de prix particuliers et inférieurs à ceux qu'ils se font payer par le commettant : ces individus sont de véritables *entrepreneurs de transports.*

Lorsque le transport soit des personnes soit des marchandises s'effectue par entreprise, il constitue une opération commerciale, par n'importe qui il s'exerce sur une échelle plus ou moins étendue. En tout autre cas, le contrat de voiturage n'est qu'une forme du louage et ne relève que du droit purement civil ; qu'il constitue ou non un acte commercial, le transport des choses pour le compte d'autrui est purement un louage de services.

Le transport des personnes implique en même temps le louage des services et le louage des choses. Celui qui retient une place dans une voiture publique acquiert un droit à telle place en particulier ; l'entrepreneur est obligé de l'en faire jouir et de lui en assurer l'usage en toute sécurité. Ceci implique l'obligation de le préserver de tous les accidents qui seraient le résultat de la faute de l'entrepreneur et de ses agents.

L'on entend par commissionnaire intermédiaire celui qu'un précédent commissionnaire se substitue pour continuer le transport ; mais il ne faut pas considérer comme un commissionnaire intermédiaire celui que l'expéditeur aurait désigné au commissionnaire primitif : dans ce cas le commissionnaire primitif n'en répond pas. Le commissionnaire intermédiaire est censé avoir promis d'exécuter ce que le commissionnaire primitif a promis lui-même ; de telle sorte que le commissionnaire primitif peut dénoncer au commissionnaire intermédiaire la demande formée contre lui, l'appeler dans le procès, exercer en un mot un recours, pourvu que ce soit dans le temps pendant lequel celui qui réclame les effets aurait le droit de les réclamer.

Néanmoins, le commissionnaire intermédiaire cesse d'être responsable envers l'expéditeur, si le commissionnaire primitif n'a choisi l'intermédiaire que par suite d'une violation de son mandat : par exemple si, chargé de faire transporter des marchandises par terre, il les a adressées à un intermédiaire avec charge de les faire transporter par eau; dans ce cas, le commissionnaire primitif répond seul à l'égard de l'expéditeur des risques du transport par eau.

CHAPITRE PREMIER

Le titre que nous donnons à notre livre en fait
connaître le fond et l'importance, mais n'en esquisse
nullement le plan. Il serait difficile du reste de faire
de l'énoncé du titre autant de paragraphes distincts
et suivis sans revenir plusieurs fois aux mêmes choses et s'exposer à des redites fatigantes pour le lec-
teur. Nous allons donc nous en tenir, pour notre
travail, à l'idée qui nous l'a inspiré : celle de la *responsabilité des transporteurs;* cette idée, qui embrasse, dans leur étendue la plus vaste, les questions
que nous nous sommes posées et tous les cas qui peuvent surgir et donner lieu à litige en ce qui tient aux
transports, nous permettra d'exposer nos principes
dans un ordre logique, avec clarté et précision.

Ce n'est pas un sujet de peu d'importance que

nous traitons ; ceux qui s'en sont occupés avant nous l'ont considéré comme d'une immense gravité, laquelle s'est accrue et doit s'accroître encore à mesure que les intérêts commerciaux s'y rattachent de plus près.

On pourrait dire avec quelque raison que de nos jours l'existence de la société est livrée tout entière à la confiance et aux soins des transporteurs ; les personnes comme les choses ne font que passer d'un lieu dans un autre, vont et viennent pour s'en aller et revenir encore par des voies différentes, mais toutes sujettes à des incidents de plusieurs sortes, surtout à des périls plus ou moins certains, plus ou moins graves, selon les soins et la vigilance de ceux auxquels se confient les voyageurs et sont commises les choses transportées.

La responsabilité des transporteurs embrasse donc tout à la fois et les actes qui leur sont personnels (art. 1382 C. Nap.) et ceux qui proviennent de leurs agents (art. 1384 C. Nap.), mais pour ces derniers, en ce qui a rapport seulement à l'exercice des fonctions auxquelles les premiers les emploient. Dans ce cas, la responsabilité est purement civile : c'est-à-dire que l'entrepreneur ne saurait être condamné à l'amende *considérée comme peine*, ou à l'emprisonnement pour les contraventions de ses préposés.

Or, la responsabilité des entrepreneurs a lieu dans trois cas différents : 1° en faveur des voyageurs ; 2° à l'égard des marchandises ; 3° pour les contraventions aux lois, ordonnances et autres règlements spéciaux sur la police du roulage, sur les douanes et sur les octrois.

§ 1er.

Responsabilité à l'égard des Voyageurs.

Nous venons de le dire : notre vie est aujourd'hui toute à la merci des véhicules ; les lois et les règlements de police ne sauraient donc être ni trop multipliés ni trop sévères pour assurer et garantir aux voyageurs, de la part de ceux qui sont préposés soit aux voitures de route, soit aux lignes du chemin de fer, toute la sécurité, toute l'exactitude et toute la diligence possibles.

Les règlements des chemins de fer et l'habitude que nous en avons font suffisamment connaître à tous les conditions auxquelles on est reçu dans les wagons et auxquelles on voyage sur les lignes ferrécs. En dehors des règlements qui leur sont spéciaux, les chemins de fer sont ramenés aux règlements ordinaires qui régissent la grande voirie.

La sécurité des voyageurs dépend de plusieurs choses prévues par la loi, que les voituriers ne peuvent négliger sans encourir les peines pécuniaires et autres prévues par le législateur, et assumer sur eux la responsabilité de tous les accidents qui surviendraient à la suite de leur incurie.

Les entrepreneurs de voitures publiques ne sauraient donc trop s'occuper : — de l'état de leurs véhicules en partance, — de la modération des chargements — de la vigilance de leurs conducteurs.

S'il n'est pas toujours possible de trouver le confortable dans les voitures, le voyageur doit y trouver au moins tout ce qui, hors le cas de force majeure, éloigne la crainte du péril.

Tout entrepreneur de voitures publiques et dont les véhicules ne seraient pas dans les conditions voulues, est tenu de procurer aux voyageurs, vis-à-vis desquels il s'est engagé, les moyens de se rendre à leur destination aux mêmes conditions et dans le même temps que s'il les avait transportés lui-même.

Nul doute encore que ledit entrepreneur demeure responsable de tous les accidents de route qui seraient le résultat de son incurie et du mauvais état constaté de ses voitures.

Est et demeure encore à la charge de l'entrepreneur tout accident de route occasionné par un chargement extraordinaire et au-dessus du poids légalement autorisé.

Tout voyageur des premiers inscrits peut donc refuser de se mettre en route dans une voiture chargée outre mesure et dont le nombre des passagers admis dépasserait le chiffre légal ; le voyageur peut exiger la radiation, de la liste, des derniers venus portés en sus du nombre suffisant, sauf à ceux-ci à se pourvoir auprès de qui de droit pour obtenir de l'entrepreneur, qui leur a assuré le passage, le moyen de l'effectuer en temps opportun.

La même responsabilité incombe aux maîtres de voitures pour les accidents de route causés par l'impéritie ou la négligence du conducteur ou du postillon ; ils sont responsables de toute verse due à un vice de construction, à une mauvaise nature de chevaux, ou même à un cas fortuit, s'il est prouvé que ce cas fortuit est arrivé par défaut de précaution : comme serait le passage hasardé d'un pont en ruines, la traversée imprudente d'un torrent, en cas d'inondation, une concurrence insolite entre postillons ou conducteurs.

M. Sourdat, dans son savant traité : *De la Respon-sabilité civile*, se demande quel serait le responsable de l'accident dans le cas où les chevaux et le postillon seraient fournis à l'entrepreneur du transport par le maître de poste. Il répond avec la Cour de Grenoble, que le maître de poste et l'entrepreneur seraient tous deux responsables. Car, dit-il, la Cour de Grenoble tranche la question dans un sens tout à fait juridique, en déclarant l'entrepreneur des transports et le maître du relai solidairement responsables des accidents imputables à l'imprudence du postillon. Cette décision est légitime soit par l'indivisibilité du fait, soit parce que la responsabilité civile des faits du postillon doit peser à la fois sur le maître de poste et sur l'administration qui l'emploie et lui commande momentanément.

Cette garantie donnée au voyageur est proclamée par la loi (décret du 16 juillet 1828, titre 2, art. 8) et consacrée par une jurisprudence qui, depuis quelques années surtout, s'est montrée constante et de plus en plus sévère et applicable à tout entrepreneur de voitures publiques, sans qu'aucun prétexte ni aucune cause puissent l'y soustraire.

Pourquoi donc les entrepreneurs de voitures publiques ne redoubleraient-ils pas de surveillance pour prévenir et éviter les désastres que de semblables condamnations peuvent leur causer?

Il est encore à cet égard un point important qui, à une époque comme la nôtre où l'on voyage bien plus pour affaires que pour agrément, ne saurait passer inaperçu ; nous parlons de l'exactitude que les voituriers doivent mettre pour les départs et les arrivées.

Tout voyageur a en effet le droit d'exiger qu'il ne soit pas pris, au-delà de l'heure fixée pour le départ, un délai préjudiciable à ses intérêts ; au cas d'un dommage réel qui lui serait occasionné par un retard prolongé indéfiniment, hors le cas de force majeure, il peut recourir à l'entrepreneur de voitures pour une indemnité conforme. Car celui-ci doit être exact et ne retenir sous aucun prétexte les voyageurs qui, en s'adressant à lui, ont en vue, comme favorables à leur affaires, les heures assignées pour les départs et les arrivées.

Pour les mêmes motifs et dans l'intérêt des passagers, l'entrepreneur est tenu de veiller à ce que ses conducteurs et ses postillons mettent dans leurs trajets toute la diligence voulue. Surtout ne doivent-ils pas tolérer ces lenteurs qui, en retardant l'arrivée outre mesure, peuvent compromettre les affaires et causer un dommage réel dont les intéressés pourraient leur demander compte. La régularité dans la marche est une des conditions premières imposées à tous ceux qui transportent des voyageurs par n'importe quelle voie.

Chacun sait que dans le cas de force majeure, procès verbal est dressé de la cause du retard ou de l'accident ; dans ce cas, le voyageur ne saurait dûment se plaindre ou réclamer, quel que soit le dommage survenu, attendu que les entrepreneurs ne peuvent que répondre de leur fait et non des causes étrangères qu'il n'est dans les puissances humaines ni d'empêcher ni de prévoir, comme sont les naufrages sur mer, les accidents fortuits des chemins de fer, les orages, les tempêtes ou le bris du véhicule occasionné par une cause indépendante à tous égards des conducteurs et des maîtres, et que ceux-ci ne doivent ni ne peuvent prévoir ni soupçonner.

En ce qui concerne les colis que les voyageurs portent avec eux, on peut les diviser en deux catégories : ceux qui sont déclarés et enregistrés pour être classés parmi les bagages, et ceux qui, par leur petit volume, peuvent être retenus par les passagers. Il va de suite que les administrations, quelles qu'elles soient, ne répondent en aucune façon de cette dernière catégorie d'effets. Quant à ceux de la première, ils sont tous à la charge des administrateurs des messageries, des chemins de fer et des autres compagnies de transports, lesquels, en cas d'avarie, de perte ou de casse, sauf la force majeure, sont tenus de payer au prorata de la valeur déterminée par les tribunaux, quand leur valeur réelle n'a pas été spécifiée par le déclarant au bureau.

Ces colis que le voyageur fait suivre avec lui doivent arriver à destination en même temps et ordinairement par le même véhicule que le voyageur. Dans le cas d'un retard amené par l'inadvertance des entrepreneurs des voitures ou de leurs employés, les entrepreneurs sont tenus de les expédier dans le plus bref délai et à leurs frais, sans préjudice pour les dommages-intérêts qui au besoin pourraient leur être réclamés, si ce retard avait causé un préjudice réel aux intéressés.

De son côté, le voyageur est tenu de spécifier, dans ses déclarations, quelle est la nature de ses colis, surtout de ceux soumis aux droits d'octroi ou de douane, et demeure responsable, en cas de non déclaration ou de défaut de sincérité et de vérité, des amendes et frais qui seraient imposés aux voituriers.

Suivant l'importance des bureaux, on y trouve ordinairement un représentant de la compagnie ou bien l'entrepreneur lui-même. Dans le cas de plainte ou de réclamation, il convient de s'adresser d'abord à l'un de ces agents ; et ce ne doit être que sur leur refus de dire droit aux plaignants ou aux réclamants, que ceux-ci doivent recourir à l'intervention de la loi, selon l'importance de leurs motifs.

§ 2.

Responsabilité à l'égard des choses.

Tous les transporteurs par terre ou par eau sont responsables de la perte ou de la détérioration des marchandises qui leur sont régulièrement confiées, de tous les colis qui leur sont régulièrement remis. L'on entend par colis une partie de marchandises ou d'effets remis pour être transportés.

Par le seul fait de la remise du colis entre les mains de l'entrepreneur ou celles de son agent, il se forme entre lui et l'expéditeur un contrat tacite en vertu duquel l'entrepreneur s'oblige, moyennant une somme déterminée, à transporter le colis dans un lieu indiqué et dans un délai voulu.

L'art. 1782 du code Napoléon assimile ce dépôt à celui fait entre les mains de l'aubergiste et soumet par cela même l'entrepreneur à toutes les conséquences du dépôt nécessaire (art. 1949, 1954 du C. Napoléon).

De là l'obligation stricte pour ce dernier de veiller attentivement à la garde, à l'entière conservation ou à la remise en temps utile des articles confiés à ses soins (art. 97 C. com.)

Les compagnies des chemins de fer sont obligées à délivrer à l'expéditeur un récépissé des colis. Cette règle générale ne pourrait recevoir d'autre exception que celle résultant d'une dispense formelle insérée dans les clauses du cahier des charges de la concession.

Quant aux bagages des voyageurs, leur remise est constatée sur un registre à souche portant des numéros d'ordre, mais sans indication de nom ; un bulletin détaché de ce registre est remis au déposant; ce bulletin indique le nombre des colis, leur poids et le numéro de leur enregistrement; un numéro semblable est apposé sur les colis dont la remise est faite à l'arrivée en échange du bulletin de chargement. Ce bulletin indique au voyageur l'obligation de faire la déclaration expresse des valeurs, argent ou bijoux qui pourraient être contenus dans les bagages, et l'avertir qu'à défaut de déclaration, la compagnie ne paiera, en cas de perte que, 150 fr. pour une malle , et 50 fr. pour un sac de nuit ou porte-manteau.

Cette restriction de la responsabilité que les compagnies ont empruntée à un ancien usage des messageries, ne forme cependant pas un obstacle sérieux à toute réclamation supérieure ; c'est là une question depuis longtemps résolue par des nombreux arrêts. (Rouen, 20 février 1846 ; — Lyon, 6 mars 1824 ; — Cassation, 16 mars 1859.)

Les compagnies ne peuvent pas, de leur propre chef, établir, quant à l'indemnité à payer en cas de perte, un chiffre arbitraire et que rien ne démontre avoir été accepté par le voyageur ; le bulletin ne porte pas la signature de ce dernier ; il n'est point fait à double et ne saurait partant constituer un contrat synallagmatique. Aux tribunaux seuls, dans leur sagesse et leur conscience, il appartient de déterminer le chiffre de l'indemnité due. Pour cela, les juges interrogent les circonstances et accordent au réclamant tout ce que l'on peut présumer que, dans sa condition et les nécessités de son voyage, il pouvait avoir avec lui et qu'il a perdu. Mais les juges ne sauraient dire droit à certaines demandes exagérées que font quelquefois les réclamants, et contre lesquelles les compagnies sont protégées par les présomptions que fait naître l'absence de toute déclaration préalable de la part des voyageurs. « Le » juge, dit M. Sourdat, ne doit pas admettre l'affir-

» mation du réclamant au-delà des petites sommes
» nécessaires aux dépenses du voyage, et d'un
» voyage ordinaire, de ces sommes que l'on peut
» laisser sans imprudence renfermées dans une
» malle, parce que le voiturier a dû mesurer sur
» cet usage sa vigilance et ses précautions. »

Quant il s'agit au contraire d'un colis que n'accompagne pas le voyageur, il faut admettre alors que la responsabilité de l'entreprise est plus grande, si la déclaration de la valeur n'a pas été exigée. L'administration doit pour ces transports, nécessités par un commerce qui s'étend sur une grande échelle, réclamer toujours une déclaration de la nature des objets, afin de connaître le risque qu'elle assume sur elle et le prix qu'elle doit exiger pour sa responsabilité.

Les entrepreneurs répondent non-seulement des objets perdus, mais encore de tous ceux qui seraient volés sur leurs voitures, cet accident, à moins de preuves contraires, devant être attribué à un défaut de surveillance. On comprend toutefois que les voituriers ne doivent point répondre des vols commis, à main armée, au préjudice des voyageurs et qu'il n'aurait pas été possible d'empêcher contre des forces supérieures.

Le voiturier doit nécessairement remettre les

marchandises au destinataire; il est responsable s'il remet les objets à toute autre personne, sauf le cas d'une procuration spéciale, laquelle est suffisamment démontrée par la possession de la lettre d'envoi contre-signée du destinataire. Le voiturier n'a pas le droit de contester à l'encontre de ce dernier la qualité de propriétaire.

Si on ne trouve pas le destinataire, on doit, après perquisition, déposer les marchandises dans le lieu déterminé par le président du tribunal de commerce.

Cette difficulté semble être aplanie par l'usage où sont maintenant les expéditeurs de mettre leur nom et leur domicile simultanément avec le nom et le domicile du destinataire sur les adresses; de telle sorte que, dans le cas où le voiturier ne trouverait pas ce dernier, il lui est facile d'en donner avis à l'expéditeur et d'attendre ses ordres pendant un délai voulu, à moins que la nature des marchandises ne permette pas ce délai; dans ce cas, le voiturier doit faire son rapport au plus tôt et se dessaisir entre les mains de qui de droit de tout colis susceptible de corruption ou d'avarie, pour se soustraire à toute responsabilité.

DÉLAI.

Le retard apporté au transport d'un article, finances ou messageries, peut amener les conséquences les plus fâcheuses pour les intéressés ; aussi l'entrepreneur ne saurait-il se soustraire aux légitimes poursuites de l'expéditeur. Ce dernier cependant ne peut prétendre qu'à une indemnité proportionnée aux dommages éprouvés soit par un protêt ou autres frais judiciaires, soit par la différence survenue dans le cours de la marchandise ; il ne peut, si l'article est encore susceptible d'être mis dans le commerce, forcer l'entrepreneur à en acquitter le montant au prix de facture. (Cour de Paris ; 8 octobre 1858.)

Le défaut de remise de la marchandise dans le délai voulu entraînant ordinairement un dommage réel pour le destinataire, celui-ci a, dans ce cas, le droit à un recours légitime ; mais ce recours, pour être dûment motivé, ne doit jamais être exagéré, car si le dommage que le débiteur pouvait prévoir est toujours dû, il ne saurait en être ainsi du dommage imprévu. Trop souvent les négociants méconnaissent ce principe que la loi consacre d'accord avec la raison ; ils ont mille motifs pour exagérer leur demande et ne comprennent pas qu'une réclamation exagérée est une réclamation compromise. Sur ce point, le négociant doit faire l'appréciation que fera plus tard le tribunal sur le fait ; chaque espèce amènera une solution différente ; mais le commerçant doit s'efforcer d'être ici toujours dans les limites du juste et du vrai.

Un retard ordinaire comme celui prévu par la lettre de voiture entraîne, suivant les usages, une retenue du tiers ou du quart du prix du transport. Lorsque les retards sont extraordinaires et dépassent les délais que les parties ont eus en vue, ils donnent lieu à une indemnité qui doit représenter le préjudice souffert. Si le voiturier a remis une partie des marchandises en temps utile, la pénalité est proportionnée au manquant, si ceux dont la remise a été faite pouvaient être employés. (Trib. de Com. de Paris, 30 octobre 1856.)

La rigueur de la saison, quand elle n'est pas excessive, est un cas fortuit dont se charge le transporteur.

En ce qui touche au chemin de fer, le délai dans lequel les compagnies doivent effectuer le transport des marchandises de la gare de départ à la gare d'arrivée se compte, non par heures, mais par jours francs. (Cour de Cassation, arrêt du 31 juillet 1857.) Dès-lors, un parcours de 125 kilom., pour les transports à petite vitesse, comporte trois jours, sans compter ni celui de la remise des marchandises à la gare de départ, ni celui de la livraison à la gare d'arrivée. (Arrêté ministériel du 1er septembre 1860, art. 5, 6 et 7.)

Aujourd'hui, un nouvel arrêté a réglé d'une manière complète, relativement aux chemins de fer, les délais à observer; son importance nous oblige à le reproduire en entier :

MINISTÈRE DE L'AGRICULTURE, DU COMMERCE ET DES TRAVAUX PUBLICS.

—

ARRÊTÉ.

—

Le Ministre Secrétaire d'État au département de l'Agriculture, du Commerce et des Travaux publics,

Vu les arrêtés ministériels des 25 mai et 1er septembre 1856 et 15 février 1857, portant fixation des délais dans lesquels les marchandises reçues dans les gares de départ, pour être transportées à grande et à petite vitesse sur les chemins de fer, doivent être mises à la disposition des destinataires dans les gares d'arrivée ;

Vu les cahiers des charges qui régissent les concessions de chemins de fer ;

Vu l'article 50 de l'ordonnance réglementaire du 15 novembre 1846 ;

Considérant qu'il importe de rendre les dispositions des arrêtés susvisés conformes auxdits cahiers des charges ;

Les compagnies entendues,

Arrête :

Article premier. — Les animaux, denrées, marchandises et objets quelconques remis aux divers chemins de fer seront expédiés, transportés et livrés, de gare en gare, dans les délais résultant des conditions ci-après exprimées :

Grande vitesse.

Art. 2. — Les animaux, denrées, marchandises et objets quelconques, à grande vitesse, seront expédiés par le premier train de voyageurs comprenant des voitures de toutes classes et correspondant avec leur destination, pourvu qu'ils aient été présentés à l'enregistrement trois heures au moins avant l'heure réglementaire du départ de ce train ; faute de quoi, ils seront remis au départ suivant.

Art. 3. — Pour les animaux, denrées, marchandises et objets quelconques passant d'une ligne sur une autre sans solution de continuité, le délai de transmission sera de trois heures à compter de l'arrivée du train qui les aura apportés au point de jonction, et l'expédition à partir de ce point aura lieu par le premier train de voyageurs comprenant des voitures de toutes classes dont le départ suivra l'expiration de ce délai.

Le délai de transmission entre les lignes qui, aboutissant dans une même localité, n'ont pas encore de gare commune, sera porté à huit heures, non compris le temps pendant lequel les gares sont fermées, conformément aux 2e et 3e paragraphes de l'article 5 ci-dessous, et il sera de la même durée entre les diverses gares de Paris jusqu'à ce que le service de la grande vitesse ait été organisé sur le chemin de fer de ceinture, le surplus des conditions énoncées au paragraphe 1er du présent article restant applicable dans ces deux derniers cas.

Art. 4. — Les expéditions seront mises à la disposition des destinataires, deux heures après l'arrivée du train mentionné aux articles 2 et 3.

Art. 5. — Les expéditions arrivant de nuit ne seront mises à la disposition des destinataires que deux heures après l'ouverture de la gare.

Du 1er avril au 30 septembre, les gares seront ouvertes, pour la réception et la livraison des marchandises à grande vitesse, à six heures du matin, au plus tard, et fermées, au plus tôt, à huit heures du soir.

Du 1er octobre au 31 mars, elles seront ouvertes à sept heures du matin, au plus tard, et fermées, au plus tôt, à huit heures du soir.

Les dispositions des trois paragraphes qui précèdent ne sont pas applicables au lait, aux fruits, à la volaille, à la marée et autres denrées destinées à l'approvisionnement des marchés de la ville de Paris et des autres villes qui seraient ultérieurement désignées par l'administration supérieure, les compagnies entendues.

Ces marchandises seront mises à la disposition des destinataires, de nuit comme de jour, dans le délai fixé à l'article 4.

Petite vitesse.

Art. 6. — Les animaux, denrées, marchandises et objets quelconques, à petite vitesse, seront expédiés dans le jour qui suivra celui de la remise.

Art. 7. — La durée du trajet, pour les transports à petite vitesse, sera calculée à raison de vingt-quatre heures par fraction indivisible de 125 kilomètres.

Ne seront pas comptés les excédants de distance jusques et y compris 25 kilomètres. Ainsi, 150 kilomètres compteront comme 125, 275 comme 250, etc.

Art. 8. — Pour les animaux, denrées, marchandises et objets quelconques passant d'une ligne sur une autre sans solution de continuité, le délai d'expédition fixé à l'article 6 ne sera compté qu'à la gare originaire et une seule fois ; mais il est accordé aux compagnies un jour de délai pour la transmission d'une ligne à l'autre, la durée du trajet, pour chaque compagnie, restant fixée comme il est dit à l'article 7.

Toutefois, à Paris, pour la transmission d'une gare à l'autre par le chemin de fer de ceinture, le délai sera de deux jours ; mais il comprendra la durée du trajet sur ledit chemin.

Le délai de transmission entre les lignes qui, aboutissant dans une même localité, n'ont pas encore de gare commune, sera porté à trois jours, le surplus des conditions énoncées au paragraphe 1er du présent article restant applicable dans ce dernier cas.

Art. 9. — Les expéditions seront mises à la disposition des destinataires dans le jour qui suivra celui de leur arrivée effective en gare.

Art. 10. — Le délai total résultant des articles 6, 7, 8 et 9 sera seul obligatoire pour les compagnies.

Art. 11. — Les délais plus longs que ceux déterminés ci-dessus pour l'expédition, le transport et la livraison des marchandises à petite vitesse, sont maintenus dans les tarifs spéciaux où ils ont été introduits, avec l'approbation de l'administration supérieure, comme compensation d'une réduction de prix.

Art. 12. — Du 1er avril au 50 septembre, les gares seront ouvertes, pour la réception et la livraison des marchandises à petite vitesse, à six heures du matin, au plus tard, et fermées, au plus tôt, à six heures du soir.

Du 1er octobre au 31 mars, elles seront ouvertes à sept heures du matin, au plus tard, et fermées, au plus tôt, à cinq heures du soir.

Par exception, les dimanches et jours fériés, les gares des marchandises à petite vitesse seront fermées à midi, et les livraisons restant à faire avant la fin de la journée seront remises à la première moitié du jour suivant.

Dans ce dernier cas, le délai fixé pour la perception du droit de magasinage, soit par les tarifs généraux, soit par les tarifs spéciaux homologués par l'administration supérieure, sera augmenté de tout le temps compris entre l'heure de midi et l'heure réglée aux parragraphes 1 et 2 du présent article pour la fermeture des gares.

Dispositions générales.

Art. 13. — Aux délais fixés ci-dessus, tant pour la grande que pour la petite vitesse, seront ajoutés les délais nécessaires pour l'accomplissement des formalités de douane.

Art. 14. — Toute expédition de marchandises sera constatée, si l'expéditeur le demande, par une lettre de voiture dont un exemplaire restera aux mains de la compagnie et l'autre aux mains de l'expéditeur. Dans le cas où l'expéditeur ne demanderait pas de lettre de voiture, la compagnie sera tenue de lui délivrer un récépissé qui énoncera la nature et le poids des colis, le prix total du transport et le délai dans lequel ce transport devra être effectué.

Art. 15. — Des exemplaires du présent arrêté seront affichés, d'une manière permanente et à la diligence des compagnies, dans l'intérieur et aux abords des gares de voyageurs et de marchandises, et notamment près des bureaux d'enregistrement des marchandises, tant à grande qu'à petite vitesse.

Art. 16. — Les arrêtés susvisés des 25 mai et 1er septembre 1856 et 15 février 1857 seront rapportés.

Art. 17. — Le présent arrêté sera notifié aux diverses compagnies de chemin de fer.

Les préfets, les fonctionnaires et agents du contrôle sont chargés d'en surveiller l'exécution.

Paris, le 15 avril 1859.

E. ROUHER.

Comme en ce qui touche aux retards on ne saurait être trop bien renseigné pour la gouverne journalière du commerce, nous croyons devoir insister ici sur les points principaux de ce sujet.

Et d'abord, pour ce qui est des colis confiés à l'administration des chemins de fer, ils doivent être, hors le cas de force majeure, rendus à destination dans le délai fixé par les règlements, à peine de dommages et intérêts.

Les colis confiés aux voituriers doivent être, toujours hors le cas de force majeure, rendus à destination dans le délai déterminé par la lettre de voiture, où ordinairement on stipule qu'à défaut, le voiturier retardataire perdra le tiers du prix du transport.

Toutefois, si le retard avait été extrèmement long et préjudiciable au destinataire, celui-ci pourrait réclamer, par ce motif, des dommages et intérêts. (Art. 1147 C. Nap. ; — arrêt de la Cour de Paris du 24 février 1813, *Journal du Palais*, à sa date.)

Mais le retard dans l'arrivée de la marchandise

peut-il obliger le voiturier retardataire à la garder en en payant le prix ?

Les Cours de Paris, (arrêt du 25 février 1843 ; — de Metz, du 18 janvier 1815 ; — de Douai, du 24 juin 1837,) ont consacré en principe la négative de cette question.

Mais la Cour de Cassation, par son arrêt du 3 août 1835, *Journal du Palais*, à sa date, a décidé que les Cours peuvent au contraire ordonner qu'à titre de dommages et intérêts, les entrepreneurs de transport retardataires seront tenus de garder pour leur compte les marchandises en en payant le prix.

Le commissionnaire de roulage indiqué comme destinataire, dans une lettre de voiture, ne peut, à moins qu'il ne soit destinataire réel et pour son compte privé, réclamer le bénéfice de la retenue du tiers pour cause de retard, que lorsqu'il certifie que cette retenue lui a été faite à lui-même par son client. La lettre de voiture est un contrat entre l'expéditeur et le destinataire, et la retenue indiquée audit contrat, n'a pour but que d'indemniser ce dernier du retard qu'il éprouve dans la réception de sa marchandise ; c'est à lui seul qu'elle est due. (Jugement du Tribunal de la Seine, du 14 octobre 1854 ; Ancelin, *du Droit Commercial*, titre 1er, page 111.)

Quelle ligne de conduite devrait tenir le destinataire vis-à-vis de l'entrepreneur des transports, dans le cas où le retard serait le fait de l'entrepreneur intermédiaire qui aurait retenu au-delà du délai voulu et au préjudice des intéressés, les colis qui lui auraient été confiés avec commission de les expédier à leur adresse?

Si le destinataire a été informé par son expéditeur de l'itinéraire et de la station des marchandises envoyées ainsi que du délai fixé pour leur arrivée, celui-ci, une fois le délai passé, peut réclamer directement auprès du bureau entreposeur à lui désigné, mais sans préjudice pour son recours auprès de l'entrepreneur principal avec lequel seul il a à traiter, sauf à celui-ci à s'entendre avec ses correspondants et à recourir à eux pour les dommages et intérêts à lui occasionnés par le recours du destinataire.

On comprend que le retard, qui n'est que le fait de la force majeure, ne saurait être imputé à personne; dans ce dernier cas, le destinataire n'a de recours et d'indemnité à demander que dans les termes d'une convention préalable et les limites de la garantie qui lui a été donnée en vue de ces cas de force majeure.

En dehors de tout accord et de toute garantie préalables et en l'absence de tous règlements à cet égard, la justification compétente que fournit l'entrepreneur du cas survenu, annulle, selon nous, toute prétention et toute demande en indemnité de la part du destinataire.

Exception tirée du paiement des frais de transport et de la réception de la marchandise.

La réception des objets transportés et le paiement du prix de la voiture éteignent toute action contre le voiturier. (Code de commerce, art. 105.) Cette disposition s'applique aux non-négociants. L'on a même jugé qu'elle s'applique au voyageur accompagnant ses effets dans une diligence, lorsque partie de ses effets a été perdue. — Mais elle est inapplicable lorsqu'il s'agit d'un simple mandat et non du transport de marchandises. Par exemple, lorsqu'une administration des messageries s'est chargée du recouvrement d'un effet de commerce, ou d'en faire dresser protêt, la responsabilité pesant sur elle à défaut de protêt en temps utile, continue de la frapper, bien que le créancier (ou sa femme) ait reçu des mains du directeur, sans faire aucune protestation, l'effet ainsi tardivement protesté. (Douai, 17 janvier 1848.) — Elle est également inapplicable au cas où il y a eu vol ou fraude de la part du transporteur. — Spécialement, le commissionnaire de transports qui a dissimulé un accident arrivé aux marchandises pendant le voyage, et que l'état des colis ne permettait pas de soupçonner, est non recevable à repousser l'action en avaries intentée contre lui, sous prétexte que les marchandises ont été reçues à leur arrivée et le prix de voiture payé sans réclamation. (Cour de Cassation, 5 avril 1824.) Il en est de même lorsque les marchandises ne sont pas arrivées à leur destination, lorsqu'il y a eu échange ou substitution à ces marchandises. Le paiement opérant extinction de toute action contre le voiturier, ne doit s'entendre que du paiement postérieur au transport ; il n'est pas applicable lorsque le prix a été payé d'avance, comme cela est d'usage pour les transports par quelques chemins de fer. (Cour de Paris, 27 août 1847.)

RESPONSABILITÉ EN CAS DE PERTE.

L'entrepreneur est responsable de la détérioration et de la perte de tout colis dont il s'est chargé. (Art. 1784 C. Nap., et art. 103 C. com.) Aussi doit-il en tenir un compte exact sur un registre particulier tenu à cet effet. (Art. 1785 C. Nap., et art. 96 C. com.)

Ce registre est destiné à l'enregistrement de la

messagerie et des finances. Le directeur y constate, devant l'expéditeur, le poids de l'article, en relatant les numéros et les signes des commerçants qui font les envois, ou de ceux à qui ils sont destinés. (Code Nap., tit. III, art. 1785.

L'expression *déclarée contenir* est de rigueur toutes les fois que l'on ne peut voir le contenu des colis ; elle s'applique même aux articles de finances ; de plus, pour les expéditions de numéraire, couvert ou à découvert, la somme sera exprimée en toutes lettres dans le corps de l'enregistrement, et répétée en chiffres dans la colonne de destination.

Le directeur s'assurera que les groups de finances apportés à son bureau sont bien conditionnés, et que le cachet de l'expéditeur se trouve empreint, en cire, à la bouche du sac.

Il pèsera ou fera peser ses groups avec une scrupuleuse attention avant de les enregistrer, afin d'être certain que le poids s'accorde avec la déclaration de valeur qui en est faite.

La Banque de France et les grandes maisons de commerce ayant adopté de peser l'argent au lieu de le compter, nous pensons qu'il sera utile à nos lecteurs de connaître le poids des monnaies dont chaque jour le transport peut leur être confié.

Le tableau que nous donnons ci-après sera pour

eux un moyen expéditif de contrôle qui leur fera vite connaître la vérité des déclarations faites par les expéditeurs.

Les monnaies françaises sont au nombre de quatorze, savoir :

Monnaie de Cuivre.

Pièces de   1 cent., poids : 1 gramme.
—   2   —   2   —
—   5   —   5   —
—   10   —   10   —

Monnaie d'Argent.

Pièces de 0 fr. 20 cent., poids : 1 gramme.
—   0   50   —   2,50
—   1   »   —   5
—   2   »   —   10
—   5   »   —   25

Monnaie d'Or.

Pièces de   5 fr., poids : 1 gr.   64 milligr.
—   10   —   3   226
—   20   —   6   452
—   50   —   16   129
—   100   —   32   258

Si l'objet offert à l'expédition contient des liquides, le directeur aura soin de demander et de transcrire sur feuille leur espèce et leur quantité, formalités indispensables pour mettre à l'abri la responsabilité personnelle des entrepreneurs, en cas de saisie.

Dans tous les cas, il délivrera à l'expéditeur, sur sa demande, un bulletin de chargement; la valeur, si elle a été déclarée, y sera rappelée en toutes lettres.

En cas de réclamation, ce bulletin sera représenté.

De ces obligations naît pour le voyageur ou l'expéditeur celle de faire enregistrer ses effets ou marchandises.

Cet enregistrement se borne à une déclaration sommaire de la nature des uns et des autres, les articles finances ou valeurs exceptés; en cas de perte, le relevé détaillé sert de base à la réclamation de l'expéditeur.

Aux tribunaux seuls appartient, après enquête, l'appréciation et l'arbitrage d'office de la valeur des effets perdus.

Un article transporté *franco* peut même, en cas de perte ou d'avarie, donner lieu à l'application du principe de la responsabilité; aussi l'entrepreneur doit-il, par prudence, n'en recevoir aucun de cette nature, échantillons ou autres, sans inscrire les mots SANS VALEUR à la suite de la déclaration.

On sait que la marchandise, une fois sortie du magasin du vendeur ou de l'expéditeur, voyage, s'il n'a pas été stipulé autrement, aux risques et périls de celui à qui elle appartient, sauf son recours contre le commissionnaire et le voiturier chargés du transport. (Art. 100 C. com.)

Massé, dans son *Traité de Droit commercial*, f. 4, n° 100, dit que dans tous les cas où l'acheteur, auquel les marchandises achetées doivent être expédiées, ne stipule pas un lieu précis de livraison, ou une personne déterminée qui doit prendre livraison pour lui, la remise qui en est faite à un voiturier, par le vendeur, ou à un commissionnaire de son choix, emporte livraison. Tel est, dit cet auteur, le sens de l'art. 100 du C. de commerce.

Cette disposition de la loi, en restreignant la responsabilité d'une marchandise déjà livrée au voiturier ou au commissionnaire, simplifie les difficultés et abrège les poursuites. Sur le récépissé du vendeur ou de l'expéditeur, le destinaire ne peut avoir donc de recours qu'auprès du voiturier ou du commissionnaire chargé du transport de ladite marchandise, dans le cas et aux conditions prévus par l'art. 100 du code de commerce.

Il nous semble cependant que, même à cet égard, le vendeur ou l'expéditeur, alors qu'il livre la marchandise à un voiturier de son choix ou à un commissionnaire quelconque, doit être moralement sûr de la fidélité et surtout de la solvabilité de ce voiturier ou commissionnaire dans le cas d'événement ; car, s'il était prouvé que le vendeur ou l'expéditeur, parce qu'on ne lui aurait pas désigné soit un voiturier spécial, soit un lieu précis de livraison, a confié la marchandise, à tout hasard, à un homme qui ne méritait point sa confiance et cela faute par lui de se renseigner suffisamment, l'expéditeur ou le vendeur, nonobstant tout récépissé, serait tenu, à notre avis, non-seulement à prendre pour son compte la marchandise perdue ou volée, mais encore à subir les dommages - intérêts dus à l'acheteur pour le retard ou le manque que celui-ci aurait éprouvé.

Il importe donc que l'expéditeur ou le vendeur ne livre les marchandises qu'à des voituriers ou a des commissionnaires bien connus et solvables pouvant répondre de leur fait en cas d'accident.

Or, les machandises peuvent manquer au préjudice de l'acheteur de trois manières : par la perte, par l'avarie ou détérioration, et par le vol.

Ces trois accidents peuvent se produire par le fait de force majeure, ou par celui de l'incurie des transporteurs.

Dans le cas de force majeure, les entrepreneurs et voituriers ne sont responsables que dans la mesure des précautions qu'ils ont à prendre et qu'ils auraient négligé de prendre en pareil cas. C'est pourquoi, quand il est établi que les transporteurs, n'importe à quelle catégorie ils appartiennent et par quelle voie ils vont, soit en chemin de fer, soit en bateau à vapeur et en bâtiment à voile sur mer, ou en barques sur les fleuves et les canaux, soit enfin sur les grandes routes, n'ont pu ni prévoir, ni empêcher les accidents survenus, on ne saurait leur infliger ni peine ni dommages, puisqu'ils sont absolument hors de cause, attendu que le destinataire doit seul pâtir d'un événement inattendu et qu'il n'aurait pu empêcher lui-même.

On donne à ces événements occasionnés par une force majeure qu'on ne peut prévoir et à laquelle on ne peut résister, le nom de cas fortuits.

A proprement parler, on n'entend par cas fortuits que les événements résultant du hasard, tels qu'un incendie, un orage, une épidémie, un débordement de rivière, un tremblement de terre.

Les entrepreneurs de transport ne sont pas tenus des cas fortuits ; mais la preuve en demeure à leur charge.

Lorsque la perte des marchandises provient d'un

cas fortuit, le voiturier doit prouver qu'il n'y a pas eu ni imprudence ni négligence de sa part.

Lorsqu'il n'y a eu que négligence de la part du voiturier et que l'auteur direct et immédiat du dommage est connu, le propriétaire des marchandises peut néanmoins exercer directement son recours contre le voiturier; et celui-ci ne peut forcer le propriétaire à s'adresser à l'auteur principal du dommage. (Arrêt de la Cour de Metz, 18 janvier 1815; Lausié, *Traité du Voiturier*, t. 2ᵉ, p. 584.

Omnibus de Chemins de Fer.

Les entrepreneurs de voitures, omnibus, transportant à la gare d'un chemin de fer ou de la gare à domicile, les voyageurs et leurs bagages, sont responsables de la perte des objets à eux confiés. (Arrêt de la Cour Impériale de Paris, du 24 novembre 1857, *Journal du Palais*, 1858, p. 213.)

Perte d'Effets des Voyageurs.

Les entrepreneurs de messageries sont, en cas de perte d'un paquet qu'on leur avait déclaré contenir des papiers de douane, responsables non-seulement de la valeur vénale de ce paquet, mais encore, si, par suite de cette perte, les marchandises dont lesdits papiers devaient assurer l'exportation, ont dû séjourner à la frontière, du dommage que ce retard a occasionné aux expéditeurs. (Arrêt de la Cour Impériale d'Aix du 16 décembre 1854 ; *Journal du Palais*, 1855, t. 1er p. 384.)

En cas de perte de marchandises, les dommages et intérêts dus au destinataire doivent représenter seulement le prix de ces marchandises et le bénéfice perdu, mais ils ne peuvent comprendre les bénéfices qui auraient pu être réalisés par la conclusion du marché auquel les marchandises perdues devaient servir d'échantillon. (Jugement du tribunal de la Seine, du 25 juin 1854 ; *Annales*, 1855, n° 384.)

Les compagnies de chemins de fer sont responsables, en cas de perte, non-seulement des effets des voyageurs, mais encore des sommes d'argent renfermées dans les malles perdues, lorsque ces valeurs sont en proportion présumée avec les besoins du voyage et la situation du voyageur.

Ces sommes étant considérées comme l'accessoire indispensable des bagages, ne sont pas assujetties à une déclaration spéciale et au paiement des droits établis par les tarifs pour le transport des matières d'or et d'argent.

Ainsi jugé par la Cour Impériale d'Angers, le 20 janvier 1858 (*Gazette des Tribunaux*, du 30 janvier

1858. (Arrêt de la Cour d'Angers, du 20 janvier 1758. *Journal du Palais*, 1858, p. 401.)

BRIS ET AVARIES.

En général, les commissionnaires ou les voituriers ne répondent pas du bris intérieur, à moins de convention contraire ou de faute de leur part dans le mode de transport.

Néanmoins, malgré les énonciations de la lettre de voiture, portant que le voiturier n'en répond pas, celui-ci en répond, selon les circonstances, par exemple, quand le prix du transport est au-dessus du prix ordinaire et en rapport avec les chances de bris. (Arrêt de la Cour de Cassation du 21 janvier 1807; *Journal du Palais*, à sa date.)

On appelle avarie la détérioration plus ou moins considérable survenue à une marchandise en cours de voyage.

Les avaries peuvent être intérieures ou extérieures.

Si des marchandises leur ont été fournies en caisses ou balles, bien conditionnées, en les rendant dans l'état ou ils les ont reçues, ils ne sont pas garants de l'avarie des objets qui s'y trouvent renfermés.

En effet, l'avarie, en ce cas, n'est pas censée pro-

venir de leur fait ; elle peut être antérieure au chargement ou être la suite de la fraude de l'expéditeur.
L'état extérieur des caisses ou des balles est la
seule chose qui ait pu être constatée par le voiturier,
la seule, par conséquent, qu'il se soit obligé à
garantir.

Mais si les caisses ou balles sont avariées, la présomption est contre le voiturier ; et quand même
l'avarie ne proviendrait pas de son fait, il n'en serait
pas moins garant, s'il avait reçu les caisses ou balles,
sans en avoir fait constater l'état avant de les transporter.

COULAGE.

Le coulage constitue un cas d'avarie. On entend
par là le déchet, la diminution de poids, de quantité que subit la marchandise pendant son transport d'un lieu à un autre, ou pendant son séjour
dans les gares et magasins.

Mais c'est seulement le coulage ordinaire et
réputé tel par les usages du commerce, dont les
entrepreneurs de transports ne sont pas responsables. Il en serait autrement de celui qui excèderait
les limites fixées par les usages.

3

INCENDIE.

Le cas d'incendie rentre dans l'expression générale « de dommage » employée par l'article 1953 du code Napoléon, relatif à la responsabilité des aubergistes, comme dépositaires des effets apportés chez eux par les voyageurs.

Cette responsabilité étant fondée sur la présomption légale de faute de la part de l'aubergiste, celui-ci ne peut en être déchargé qu'en prouvant, soit que le dommage est le résultat d'une force majeure, soit qu'il a été pris toutes les précautions imposées au dépositaire, nécessaires par les articles 1927 et 1928 du même code. Ainsi décidé par arrêt de la cour de Paris, du 17 janvier 1850. (*Gazette des Tribuuaux*, du 31 mars 1850.)

L'incendie d'une voiture qui, pendant sa marche, a pris feu tout-à-coup, et sans aucune apparence de faute ou d'imprudence de la part du voiturier, doit être assimilé au cas fortuit ou de force majeure ; et, en conséquence, dans ce cas, le voiturier cesse d'être garant de la perte des marchandises. (Arrêt de Paris, du 24 avril 1820. Lanoë, *Traité des Voituriers*, t. 2, p. 584.)

On ne peut considérer comme un événement de force majeure, l'incendie des objets expédiés, lorsque cet accident a été causé par le mélange de matières inflammables chargées sur la même voiture ; et le commissionnaire ne peut échapper à la garantie en alléguant qu'il n'a pas fourni le chargement en entier, ou qu'il ignorait la nature des objets ultérieurement chargés par le voiturier. (Arrêt de Paris, du 29 avril 1820. Lanoë, même page 584.)

VOL.

Le vol par un voiturier des objets dont le transport lui a été confié, fût-il commis sur un grand chemin et avec effraction, expose son auteur seulement à la peine de la réclusion (article 386 du code pénal). Ainsi jugé par arrêts de la Cour de Cassation des 2 février 1815 et 7 juin 1821. (*Journal du Palais*, à leur date.)

Dans l'espèce de ces arrêts, des rouliers s'étaient rendus coupables du vol des ballots qu'ils avaient été chargés de conduire à leur destination, ils avaient brisé les serrures et coupé les cordages pour s'emparer du contenu des malles, caisses et ballots soustraits. La Cour d'assises les avait condamnés aux travaux forcés à temps, mais son arrêt fut cassé pour fausse application de l'article 384 et violation de l'article 386 du code pénal.

L'effraction des malles, dit avec raison M. Bourguignon sur ces arrêts, ne pouvait pas, en effet, être considérée comme effraction extérieure, d'après l'article 395 ; elle ne pouvait pas non plus être considérée comme effraction intérieure, dans le sens de l'article 396, puisque, suivant ce dernier article, pour que l'effraction intérieure ait le caractère de circonstance aggravante, il faut qu'elle ait été faite sur des objets existants dans les enclos, maisons, logements dans lesquels on s'est introduit, ou bien tout au moins qu'elle ait été opérée sur des meubles fermés, qu'on aurait enlevés de ces lieux après s'y être introduit. Or, une malle confiée à un voiturier, n'est pas par lui enlevée frauduleusement d'un lieu où il s'est introduit ; elle passe dans ses mains par la volonté libre de celui qui la lui a confiée. Le vol commis par le voiturier de tout ou partie des choses qui lui ont été confiées, ne peut donc être puni que de la réclusion, conformément à l'article 386, quoiqu'il ait commis ce vol en rompant ou forçant la malle ou le ballot qui renfermait ces choses, ce vol ne pouvant jamais être susceptible de la circonstance aggravante de l'effraction. (*Jurisprudence du Code criminel*, tom. 3.)

La Cour de Cassation, par son arrêt du 22 janvier

1813, a décidé que si le vol commis par l'homme de service à gages ne l'a été ni dans la maison du maître, ni dans celle où le domestique l'a accompagné, le vol sort nécessairement de la disposition du n° 3 de l'article 386.

Il en serait de même si le vol commis par le préposé d'un voiturier ne l'avait été ni sur les objets à lui confiés en cette qualité ou remis à son maître, ni sur les objets déposés dans l'entrepôt des voitures ; il n'y aurait pas lieu, dans ce cas, à l'application de l'article 386 ; et le maître voiturier ne serait pas lui-même responsable, attendu que le délit n'aurait été commis ni dans l'exercice, ni à l'occasion de l'exercice des fonctions de son agent.

ALTÉRATION DES LIQUIDES.

Les voituriers par terre et par eau sont assujettis, pour la garde et la conservation des choses qui leur sont confiées, aux mêmes obligations que les aubergistes dont il est parlé au titre du dépôt et du sequestre. (Article 1782.)

Les voituriers, bateliers ou leurs préposés qui auront altéré du vin ou toute autre espèce de liquides ou de marchandises dont le transport leur aurait été confié et qui auront commis cette altération par le mélange de substances malfaisantes, seront punis de la réclusion de 5 ans au moins et 10 ans au plus.

S'il n'y a pas eu mélange de substances malfaisantes, la peine sera un emprisonnement d'un mois à un an et une amende de 16 à 100 fr. (Article 387 code pénal.)

M. Carnot, dans son *Commentaire du Code Pénal*, fait observer : 1° que lors-même que les voituriers, bateliers ou leurs préposés se seraient chargés de la conduite des marchandises qu'ils auraient altérées, sans en avoir exigé de salaire, il n'y en aurait pas moins délit, l'article 387 n'exigeant que le concours de ces deux conditions pour le rendre applicable : la première, que les marchandises aient été confiées; la seconde, qu'elles l'aient été pour en opérer le transport.

2° Que l'article 387 n'a pas mis pour condition que l'altération soit faite dans le transport des marchandises, de sorte que, lors-même qu'elle aurait eu lieu avant que de les mettre en chargement, ou seulement depuis leur arrivée à leur destination, le délit n'en rentrerait pas moins dans la disposition dudit article.

3° Que le délit reste le même (c'est-à-dire qu'il n'y a pas lieu à augmentation de peine) soit que l'altération ait été faite de jour ou de nuit, soit qu'elle ait été faite par une ou plusieurs personnes, attendu que c'est la nature du mélange et de l'altération des marchandises qui seule est à considérer dans cette matière, altération ou mélange qui doit être constaté par une expertise qu'il est du devoir du juge d'instruction d'ordonner, afin d'avoir une base certaine pour le renvoi à faire soit devant la cour d'assises, soit devant le tribunal de police correctionnelle.

4° Que le fait de l'altération et du mélange fût-il bien constaté, ne suffirait pas pour faire prononcer la condamnation du prévenu, qui d'ailleurs aurait pu se tromper sur les moyens de conservation qu'il aurait employés et que l'urgence des circonstances aurait pu rendre nécessaires ; que ce serait alors une question de moralité sur laquelle le juge devrait délibérer, lors-même que la question ne lui en aurait pas été posée, si l'accusé en avait argumenté dans sa défense ; et qu'enfin, si les jurés avaient l'intime conviction qu'il n'aurait pas agi dans une mauvais intention, ils ne devraient pas hésiter à le déclarer non coupable.

CAMIONNAGE.

L'on entend par camionnage le transport hors de la gare et à destination des marchandises, venues par la voie de fer.

Le camionnage a ses tarifs,

Lorsqu'un colis est livrable en gare, les compagnies n'ont pas le droit de le faire camionner à domicile. (Tribunal de commerce de Paris, 21 décembre 1855.)

Les juges de commerce du tribunal de Paris ont jugé, le 31 août 1854, que le destinataire ne peut refuser le droit de camionnage, si ses marchandises n'ont pas été réservées en gare. Mais la Cour de Cassation a jugé le contraire le 27 juillet 1857. Elle a déclaré qu'il n'en est pas de même des entrepreneurs de transport par la voie de fer et des entrepreneurs de transport par roulage ordinaire. Elle a décidé que le monopole accordé aux premiers ne s'étend pas au-delà de la voie de fer; que les expéditeurs restent libres de faire eux-mêmes le camionnage de leurs marchandises.

DES ENTREPOTS DE MARCHANDISES.

Nous croyons devoir ici, pour la plus grande utilité du commerce, retracer quelques règles relatives à l'entrepôt des marchandises, *facultatif ou forcé*, soit dans les magasins publics là où il en existe, soit chez les commissionnaires de transport.

Dans certaines villes, se trouvent établis des

magasins publics destinés à affranchir les négociants de tous soins pour la réception, la surveillance et la manutention de leurs marchandises. Ces entrepôts offrent surtout un grand avantage au commerce, pour les cas de refus de marchandises ou pour ceux où la découverte du destinataire a été impossible. Dans ces derniers cas, le voiturier peut déposer ses marchandises à l'entrepôt réel, contre le remboursement de ses frais de transport et de ses débours justifiés.

Les directeurs de ces magasins publics doivent emménager dans les locaux les plus propices à leur nature, les marchandises qui leur sont confiées. Ils sont responsables de leur garde et de leur conservation, sauf les cas d'avaries ou de déchets naturels provenant de la nature ou du conditionnement de la marchandise; ils se chargent de toutes les opérations relatives à la réception, à l'emmagasinage et à la livraison des marchandises.

A l'arrivée des colis, ils doivent les vérifier, les peser, en faire constater les avaries apparentes, et les signaler au destinataire et à l'expéditeur pour que ceux-ci puissent aviser.

Les droits de magasinage sont fixés d'après des tarifs qui varient suivant les localités, mais qui sont portés à la connaissance du public par des affiches ou des imprimés : les marchandises qui ne sont point portées au tarif sont en général assimilées à celles avec lesquelles elles ont le plus de rapport.

Le propriétaire de l'entrepôt auquel des marchandises ont été remises pour être emmagasinées, est tenu de rendre identiquement les marchandises qu'il a reçues. Ainsi, lorsqu'il lui a été remis des marchandises portant une certaine marque, il est tenu, alors surtout qu'il a fourni lors du dépôt un récépissé indiquant les marques, de rendre les marchandises revêtues des marques indiquées : s'il ne peut le faire, il doit payer au déposant la valeur des marchandises entreposées dans ses magasins. Il ne serait point admis à fournir, en remplacement, des marchandises de même nature, quoique égales en qualité et en quantité. Le tribunal de commerce du Hâvre a jugé, le 13 mars 1858, qu'il en serait ainsi alors même que le directeur de l'entrepôt soutiendrait qu'il y aurait eu erreur ou confusion de la part de ses employés et du propriétaire des marchandises dans l'indication des marques *qui n'auraient pas existé ;* il pourrait en être autrement si le déposant avait été immédiatement averti de l'erreur.

Dans les villes où il n'existe pas de magasins publics, les transporteurs gardent eux-mêmes les marchandises en magasin, dans le cas de refus ou contestation. Toutefois, ils font sagement de faire ordonner l'entrepôt par le président du tribunal de commerce; ils ont pour cet entrepôt droit à une indemnité. Aussi les cahiers des charges des chemins de fer autorisent-ils les compagnies à percevoir des frais de magasinage. Les obligations des transporteurs et leurs droits sont, dans ce cas, les mêmes que ceux des entrepôts publics. Ils sont soumis aux mêmes règles. Simples dépositaires, ils ne sont point tenus des avaries intérieures, car ils n'auraient point qualité pour déballer et vérifier à l'intérieur. (Tribunal de Nimes, 10 février 1860.)

ASSURANCES.

Les assureurs maritimes doivent répondre non-seulement des avaries matérielles causées par les accidents de mer prévus par la police, mais encore des dépenses qui, par suite de l'un de ces accidents, sont tombées à la charge du navire assuré.

Spécialement, lorsque la police met à la charge de l'assureur les conséquences de l'abordage, soit fortuit, soit arrivé par la faute du capitaine, la responsabilité de l'assureur ne s'arrête pas aux avaries matérielles que le navire assuré a pu éprouver, mais s'étend aux réparations civiles prononcées au profit d'un navire étranger qui a souffert de l'abordage.

Vainement les assureurs se prévaudraient-ils de ce que la condamnation aux réparations civiles aurait été prononcée injustement, et par un tribunal étranger dont la décision n'avait aucune autorité en France : cette décision, fût-elle injuste, constitue un fait de force majeure dont les assureurs doivent répondre.

C'est ce qui a été jugé par la Cour de Cassation, chambre civile, par arrêt du 23 décembre 1857. (*Gazette des Tribunaux*, du 14 janvier 1858.)

Il n'y a pas réticence, dans le sens de la loi, dans la déclaration faite par l'assuré que les colis faisant l'objet de l'assurance contiennent une machine à vapeur complète, bien que cette machine ne soit pas accompagnée de ses chaudières.

L'assurance contractée pour une somme excédant la valeur des effets chargés n'est pas nulle, s'il n'y a ni vol, ni fraude de la part de l'assuré; mais l'assureur n'est tenu que jusqu'à concurrence de la valeur. Ainsi décidé par le tribunal de commerce de la Seine, le 31 décembre 1857. (*Gazette des Tribunaux*, du 14 janvier 1858.)

Lorsque des marchandises assurées ont été reconnues, à l'arrivée, avariées ou perdues par fortune de mer, que le délaissement en a été fait aux assureurs, que ceux-ci se sont fait remettre le connaissement et ont disposé de ce qu'ils ont pu se faire délivrer, on doit considérer ce délaissement comme accepté, et, par suite, les assureurs sont tenus de rembourser à l'assuré le montant de l'assurance.

Les assureurs ne peuvent, en pareil cas, exiger la déduction, sur le montant de l'assurance, d'une partie des marchandises assurées, ni sous le prétexte que cette partie n'aurait pas été mentionnée sur le rapport du capitaine expert, commis pour constater l'arrimage du navire, et devant dès-lors être présumée saine, ni sous le prétexte qu'aucune protestation n'aurait été faite dans les 24 heures.

D'une part, en effet, les assureurs qui ont accepté le connaissement ont, par le fait, accepté le délaissement et se sont chargés de se faire délivrer la marchandise. Ils ne peuvent dès-lors invoquer des fins de non recevoir pour défaut de protestation, soit à raison de ce qu'il n'y a pas eu réception par l'assuré, la réception seule faisant courir le délai des protestations, soit enfin à raison de ce que le délaissement étant admis pour une partie, il serait contraire à la loi de ne pas l'admettre pour le tout, le délaissement ne pouvant être ni partiel, ni conditionnel.

D'autre part, l'omission d'une partie des marchandises sur le procès-verbal du capitaine expert ne suffit pas pour établir qu'elle n'était pas avariée. Le procès-verbal fait bien présumer que les marchandises qui n'y sont pas désignées ne sont pas avariées ; mais cette présomption cède à la preuve contraire, qui peut être faite principalement par des attestations de la douane.

S'il était prouvé que des marchandises non mentionnées dans le rapport de l'expert étaient néanmoins avariées, ces marchandises devraient être considérées comme ayant été mal arrimées, et le capitaine en faute, soit à raison de l'arrimage, soit à raison de sa négligence à faire reconnaître par l'expert les marchandises avariées. Le capitaine aurait ainsi commis une baraterie, et les assureurs n'ayant pas garanti la baraterie de patron, n'en seraient pas moins tenus de rembourser à l'assuré la valeur de ces marchandises. Ainsi décidé par le tribunal de commerce du Hâvre, par son jugement du 4 janvier 1858. (*Gazette des Tribunaux*, du 14 janvier 1858.)

Le sacrifice volontaire fait par un capitaine de son grand hunier, ainsi que des poulies et manœuvres en dépendant, constitue une avarie commune.

Il en est de même des frais de relâche forcé du navire ainsi que de la gratification accordée à un bateau et à son équipage pour avoir secouru le navire.

Les dommages occasionnés au Hâvre par de simples fortunes de mer, constituent des avaries particulières. Ainsi décidé par le tribunal de commerce de Marseille, du 4 mai 1843. (Bulletin judiciaire de la *Gazette du Midi*, supplément au n° 3242, du 13 juin 1843.)

L'action en indemnité pour dommages causés à un navire, par un abordage en pleine mer, est valablement portée devant le tribunal du domicile du défendeur, conformément à l'article 420 du code de procédure civile. Les articles 435 et 436 du code de commerce n'emportent pas attribution exclusive de compétence au tribunal le plus voisin du lieu de l'abordage. (Cour impériale de Rouen, du 23 décembre 1857 ; *Journal du Palais*, 1858, page 390.)

Le capitaine dont le bâtiment a été abordé en pleine mer par un navire qu'il n'a pas reconnu, ne doit être considéré comme ayant pu agir, dans le sens des articles 434 et 436 du code de commerce, qu'à partir du moment où il a connu le nom de ce navire et celui de son capitaine. (Arrêt de la cour impériale d'Aix, de février 1858; *Journal du Palais*, 1858, page 904.)

En conséquence, l'action en indemnité par lui formée aussitôt qu'il a eu cette connaissance ne peut être repoussée comme tardive, alors d'ailleurs qu'il a déclaré l'abordage dans les 24 heures de son arrivée, en faisant son rapport de mer. (Même arrêt.)

Les articles 435 et 436 du code de commerce, qui, en cas de non accomplissement de certaines formalités, déclarent non recevable toute action en indemnité pour dommages causés par l'abordage dans un lieu où le capitaine a pu agir, s'appliquent aussi bien au cas où le navire a péri entièrement qu'à celui où il a seulement éprouvé des avaries. (Arrêt de la cour impériale d'Aix, du 12 mai 1857; *Journal du Palais*, 1858, page 152).

CHAPITRE DEUXIÈME

EXCEPTIONS A LA RESPONSABILITÉ.

VICE PROPRE DE LA CHOSE.

Par vice propre de la chose, il faut entendre la disposition particulière de certaines choses à s'altérer, se corrompre ou même se détruire spontanément par le seul effet du temps ou de leur nature.

Ainsi, des matières inflammables imprudemment chargées sur la même voiture et qui prendraient feu par le contact, ne périraient point par leur vice propre, mais bien par le fait de leur réunion, fait entièrement imputable au voiturier.

C'est ce qui a été décidé par plusieurs arrêts et notamment par un arrêt de la cour de Paris, du 29 avril 1820. (*Journal du Palais*, à sa date, dont voici l'espèce) :

« Un sieur Lherbette avait confié au sieur Barraud-

Buffet, commissionnaire de roulage à Paris , deux tonneaux contenant 3,400 peaux de martre , pour les faire transporter à Francfort. Ces tonneaux furent chargés sur la voiture d'un nommé Lescher. Cette voiture avait été chargée à cueillette , c'est-à-dire que le chargement avait été composé de divers ballots remis par différents commissionnaires.

» Pendant la marche, le feu prit à la voiture; presque tout le chargement fut brûlé, et les 3,400 peaux de martre éprouvèrent une avarie considérable évaluée à 9,620 francs.

» D'après le procès-verbal dressé par l'autorité locale, il fut constaté que l'incendie de la voiture ne pouvait être attribué à la négligence ni à l'imprudence du voiturier , et que le feu avait été allumé par des briquets phosphoriques qui faisaient partie du chargement.

» Le sieur Lherbette demanda néanmoins que Barraud-Buffet fût déclaré responsable et condamné à l'indemniser du dommage résultant de l'avarie , attendu que dès qu'il était établi par le procès-verbal que le feu avait été communiqué par des briquets phosphoriques, il y avait eu imprudence de la part du commissionnaire de laisser charger les peaux sur la voiture , s'il avait su qu'elle contenait des matières inflammables , ou, s'il ne l'avait pas su , négligence de ne s'être pas informé de la nature de tous les objets composant le chargement.

» La cour de Paris accueillit le moyen et condamna le commissionnaire à 9,620 francs de dommages et intérêts. »

Au reste, il ne suffit pas au voiturier d'alléguer que la marchandise a péri par son vice propre , ce vice doit être vérifié et constaté par des gens de l'art.

Si une malle , inscrite sur le registre , se trouvait perdue ou brisée et les objets y renfermés détériorés par l'effet d'une chute, de la voiture , imputable à la maladresse ou au défaut de surveillance du conducteur, le maître serait, dans ce cas , responsable, parce qu'il y aurait là dommage causé par l'agent dans l'exercice de ses fonctions. Lanoë, (*Traité des Voituriers*, tom. 2 , pag. 574.)

Les voituriers sont responsables du vol commis par leurs préposés ou gens à gages dès l'instant que les objets ont été déposés sur le port, ou dans l'entrepôt, ou placés dans le bâtiment ou la voiture. (Même auteur , à la même page.)

Comme aussi , les maîtres voituriers répondent du dommage causé par négligence, imprudence, maladresse ou inobservation du réglement de la part de leurs agents ou préposés, pourvu néanmoins que le dommage ait eu lieu dans l'exercice ou à l'occasion de l'exercice des fonctions de ces agents. Mais, comme l'observe fort bien M. Toullier, dans tous les cas où le dommage est arrivé par la faute des préposés, quoique la faute soit commise dans les fonctions ou à l'occasion de l'exercice des fonctions auxquelles ils étaient employés, le maître a un recours contre eux, car ils sont eux-mêmes soumis au principe général consacré par l'article 1382 du code Nap., qui porte que toute personne doit réparer le dommage arrivé par sa faute.

Lorsqu'un colis est déclaré fragile, en cas de fracture des objets qu'il contient, le voiturier doit-il en être responsable? La solution de cette question dépend des circonstances.

Si par une lettre de voiture régulière, il a été dit que le voiturier ne répondait pas du bris intérieur, et si aucune circonstance ne prouve qu'il ait consenti à le prendre à sa charge, il n'en serait pas responsable. Il en serait autrement dans le cas contraire. (Arrêt de la Cour de Cassation du 24 janvier 1807 ; *Journal du Palais*, à sa date.)

PRESCRIPTION.

Toutes actions contre le commissionnaire et le voiturier, à raison de la perte ou de l'avarie des marchandises, sont prescrites, après six mois, pour les expéditions faites dans l'intérieur de la France, et après un an, pour celles faites à l'étranger ; le tout à compter, pour les cas de perte, du jour où le transport des marchandises aurait dû être effectué ; et pour les cas d'avarie, du jour où la remise des marchandises aura été faite, sans préjudice du cas de fraude ou d'infidélité. (Art. 108 C. de com.)

Toute action du commissionnaire ou voiturier en paiement du prix du transport n'est point prescrite par six mois.

La prescription établie par l'article 108 du code de commerce ne peut être invoquée par le commissionnaire assigné en responsabilité à raison de la perte de la marchandise, lorsque, par des lettres missives adressées à l'expéditeur, il a reconnu sa responsabilité et le droit qu'avait ce dernier de l'appeler en garantie, même après l'expiration du délai. En pareil cas, il y a renonciation au moins tacite à la prescription. (Arrêt de la Cour de Colmar, du 31 décembre 1856 ; *Journal du Palais*, 1858, page 427.)

La prescription peut être invoquée même quand la perte ou l'avarie n'a pas été constatée. Il suffit qu'il n'y ait pas eu vol ou fraude des entrepreneurs de transports. (Arrêt de la Cour de Cassation, du 8 mars 1819 ; (*Journal du Palais*, 1819, à sa date.)

La prescription peut même être invoquée par les entrepreneurs de transports qui auraient confié les marchandises à un tiers, qui ne les aurait pas remises.

Le commissionnaire ou le voiturier ne peut invoquer la prescription lorsqu'il est certain que les marchandises à lui confiées ne sont pas sorties de ses magasins, parce qu'il y a dans ce cas une négligence lourde qui peut être considérée comme une fraude ou une infidélité. (Arrêt de la Cour de Cassation, du 21 janvier 1839 ; *Journal du Palais*, t. 1er de 1839, page 193. Locré, *Esprit du C. de Com.*, sous l'article 108, arrêt de la Cour de Montpellier, du 27 avril 1830. Sirey, t. 31, 11, 99.)

Cette prescription ne peut être opposée par un entrepreneur de transports de denrées ou effets en déficit, par suite de l'exécution d'un service public. (Ordonnance du conseil d'Etat, du 18 octobre 1833.)

Cette prescription peut-elle être invoquée par le voiturier ou le commissionnaire de roulage contre un non commerçant qui a confié un colis ?

En ce cas, le simple particulier a-t-il trente ans pour agir lorsqu'il y a perte ou dommage, comme l'a jugé l'arrêt de la Cour de Cassation du 4 juillet 1846 ? Nous répondrons résolument : non.

La loi, en ne faisant pas de distinction, nous croyons, avec Rogron, que cet arrêt, qui est de la chambre des requêtes, est susceptible de critique. Il est cependant approuvé par Troplong, v° louage, t. 3, n° 928.

Zachariæ, dans son *Cours de Droit civil*, t. 3ᵉ, v° 373, page 44, partage la même opinion.

Mais la cour de Rennes, par deux arrêts en date des 25 juillet 1820 et 25 mars 1852 (*Journal du Palais*, 1853, page 248), a décidé le contraire, c'est-à-dire que c'est la prescription de six mois. Et nous préférons le principe consacré par la cour de Rennes, comme le plus conforme à l'esprit de la loi.

La prescription est applicable non-seulement en cas de perte ou d'avarie, mais encore au cas de retard dans l'arrivée des marchandises, soit parce qu'elles auraient reçu de fausses directions, soit qu'elles auraient été remises à une autre personne que le destinataire indiqué. Ces retards et le préjudice qui en résulte sont compris dans les termes génériques de pertes et d'avaries, employés dans l'article 108. (Arrêt de la Cour de Cassation du 18 juin 1838. *Journal du Palais*, t. 2 de 1838, pag. 197.)

Le contraire a néanmoins été décidé par la cour de Paris, arrêt du 30 septembre 1842; par la cour de Montpellier, arrêt du 27 août 1830; et par la cour de Nimes, arrêt du 20 février 1810, tous au *Journal du Palais*, à leur date.

Lorsque, par suite du refus du destinataire de payer la lettre de voiture à raison de l'avarie des objets transportés, le dernier voiturier a refusé le paiement de ladite lettre de voiture au premier commissionnaire de transport, qui, lui-même, a appelé en garantie le commissionnaire intermédiaire, celui-ci ne peut, bien que, au moment où la demande en garantie lui est signifiée, six mois se soient écoulés depuis la remise des marchandises, invoquer la prescription de l'article 108 du C. de com., si cette demande a été formée dans les six mois de l'action principale, laquelle a été intentée dans les six mois de la remise des marchandises. (Arrêt de la Cour de Cassation, du 7 juin 1858. *Journal du Palais*, 1858, page 1151.)

EXCEPTION TIRÉE DU PAIEMENT DE LA LETTRE DE VOITURE ET DE LA RÉCEPTION DES MARCHANDISES.

La règle posée par l'article 105 du code de commerce, suivant laquelle la réception des objets transportés et le paiement du prix de la voiture, éteignent toute action contre le voiturier, est applicable au destinataire d'objets transportés par la voie des chemins de fer. (Arrêt de la Cour de Cassation, du 9 juin 1858. *Journal du Palais*, 1858, p. 885.)

La réception des objets remis par le voiturier et le paiement de la lettre de voiture, en éteignant toute action contre le voiturier, ne fait pas obstacle à ce que l'expéditeur ait un recours contre le commissionnaire qui s'est chargé du transport, lorsque les marchandises n'ont pas été réellement remises à leur destination. Ainsi l'a jugé la cour de Paris, par arrêt du 18 décembre 1830, sur la plaidoirie de Me Chaix-d'Estange.

Mais la réception et le paiement du prix de la voiture, même sans réserves, ne ferait point perdre au destinataire son action en recours, si la détérioration de la marchandise était le résultat d'une fraude ou d'une infidélité de la part de la compagnie ou de ses agents, prévue par les lois pénales. Dans ce cas, l'action se prescrirait par les mêmes délais que pour les crimes et délits. (Pardessus, *Droit com.* t. 1er, n° 547; arrêt de la Cour de Liège, du 5 décembre 1822; arrêt de la Cour de Cassation, du 5 avril 1824; arrêt de la Cour de Bordeaux, du 10 avril 1834, tous au *Journal du Palais*, à leur date. Rebel et Juge, *Traité des Chemins de fer*, n° 496.)

CLAUSES DE NON GARANTIE.

La stipulation de non garantie inscrite par un commissionnaire de transport dans une lettre de voiture, n'empêche pas sa responsabilité de subsister, s'il est établi que les avaries survenues sont le résultat de sa négligence. (Tribunal de Clermont-Ferrand, 29 juin 1856. Arrêt de la Cour de Cassation, du 7 juin 1858; *Journal du Palais*, 1858, pag. 1151.)

Les compagnies de chemins de fer, à la différence des autres entrepreneurs de transports, ne peuvent pas stipuler qu'il n'y aura pas lieu à garantie pour défaut d'emballage, si, d'après les statuts, il est facultatif à la compagnie de stipuler la non garantie pour défectuosité seulement d'emballage, car alors l'emballage paraît en bon état. La responsabilité pèse donc toujours sur la compagnie, nonobstant la clause de non garantie, réputée illégale en ce cas. (Arrêt de la Cour de Cassation, du 26 janvier 1859. *Le Droit, Gazette des Tribunaux*, du 13 mars 1859.)

CHAPITRE TROISIÈME

PROCÉDURE ET COMPÉTENCE.

Pour la constatation des avaries, ou en cas de refus ou de contestation pour la réception des objets transportés et dont il faut vérifier l'état, il peut être nommé un ou trois experts par le président du tribunal de commerce, et à defaut, par le juge de paix. (Art. 106. C. de com.)

L'expertise prescrite par l'article 106 du code de commerce constitue un mode de vérification unilatéral exceptionnel, préalable à l'introduction de toute instance, auquel les formalités et les délais prescrits par le code de procédure civile en matière d'expertise ne sont pas applicables. Spécialement, cette vérification, qui doit être instantanée, ne comporte point les délais de la mise en cause des parties intéressées, sauf aux tribunaux à avoir tel égard que de droit à un pareil document, lorsqu'il ne présente point l'autorité d'une opération contradictoire. (Arrêt de la Cour de Colmar, du 13 mai 1851. *Journal du Palais*, 1853, pag. 687.)

Il arrive souvent que les marchandises sont refusées sous un prétexte ou sous un autre, mais le plus souvent comme étant avariées ou comme n'étant pas conformes à la demande.

Le destinataire d'objets transportés par un voiturier a en effet le droit, avant de recevoir ces objets et de payer la lettre de voiture, et alors même que les colis se trouveraient en bon état de conditionnement extérieur, de vérifier leur contenu pour s'assurer s'il n'existe pas à l'intérieur quelque avarie engageant la responsabilité du voiturier. Cette vérification, qui a pour objet de savoir s'il y a lieu de refuser les colis et de contester, n'est pas exclue par celle que prescrit l'article 106 du C. de com. en cas de refus des objets transportés et de contestation. (Arrêt de la Cour de Cassation, du 27 décembre 1854. Annales n° 243.)

Dans ce cas, les entrepreneurs de transports doivent faire vérifier et constater l'état des marchandises par experts nommés par le président du tribunal de commerce, ou, à son défaut, par le juge de paix et par ordonnance au bas d'une requête. (Art. 106 du code de com.)

Le juge peut nommer, à son gré, un ou trois experts qui doivent prêter serment devant lui, s'ils n'en sont pas dipensés par l'ordonnance qui les commet. Les experts dressent procès-verbal de leur opération, le déposent au greffe et l'affirment au cas où ils ont été dispensés du serment préalable.

Ce procès-verbal ne peut être remplacé par des déclarations de témoins appelés à la réception. (Arrêt de la Cour de Bordeaux, du 10 janvier 1826. *Journal du Palais*, à sa date.)

Après l'accomplissement de ces formalités, les entrepreneurs de transports, en conservant en dépôt les objets refusés, doivent aviser l'expéditeur du refus. La responsabilité pour eux ne cesse que lorsqu'ils ont retourné les marchandises à l'expéditeur, ou qu'ils les ont remises à des personnes ou à des voituriers qu'il a indiqués.

Si l'expéditeur ne répond pas dans un court délai, le dépôt ou sequestre et ensuite le transport des colis dans un dépôt public, pourront être ordonnés sur la demande du voiturier.

La vente peut en être également ordonnée en faveur du voiturier, jusqu'à concurrence du prix de la voiture.

Les commissionnaires intermédiaires ne peuvent, à la différence du premier commissionnaire, être déclarés responsables des avaries de la marchandise qu'ils ont transportée, qu'autant qu'il est prouvé que ces avaries sont arrivées par leur faute. (Arrêt de la Cour de Cassation, du 28 juillet 1858; *Journal du Palais*, 1858, pag. 1160.)

Il n'importe que le commissionnaire ait reçu la marchandise des mains du commissionnaire précédent, et en ait donné décharge, alors surtout qu'il s'agit d'avaries intérieures et non apparentes. (Même arrêt.)

La présomption de faute mise, aux termes de l'article 99 du code de commerce, à la charge du commissionnaire de transport primitif, relativement à l'état des marchandises sorties avariées des mains du commissionnaire intermédiaire, peut être détruite par la preuve contraire. (Arrêt de la Cour de Cassation, du 9 juin 1858; *Journal du Palais*, 1858, pag. 885.)

Le commissionnaire intermédiaire doit cependant être déclaré personnellement responsable de l'avarie des marchandises qu'il a transportées, sauf son recours contre le commissionnaire dont il les a reçues, bien qu'il soit reconnu que cette avarie ne lui soit pas imputable, alors que, actionné par le destinataire, il a déclaré agir pour le compte de qui de droit, sans exciper, pour échapper à la responsabilité, ni du vice propre de la chose, ni de la force majeure. (Art. 1382 C. Nap.; C. de com., art. 103. Arrêt de la Cour de Cassation, du 20 juin 1853; *Journal du Palais*, 1855, t. 2, p. 431.)

Il doit être seul responsable lorsqu'il est constant, en fait, qu'au moment où il a remis à un commissionnaire subséquent les caisses renfermant les marchandises avariées, ces caisses étaient mouillées, ce qui rendait l'avarie apparente; et qu'en recevant les dites caisses, sans observations ni réserves, du précédent commissionnaire, il avait reconnu suffisamment qu'elles étaient en bon état. (Même arrêt.)

La confiscation des marchandises introduites en fraude et celle des moyens de transport, ordonnée par les lois de douanes, spécialement par la loi du 28 avril 1816, ne peut, à défaut de saisie de ces marchandises et moyens de transport, être convertie en une condamnation personnelle du prévenu au paiement de leur valeur estimative. (Arrêt de la Cour de Cassation, du 19 août 1858; *Journal du Palais*, 1859, pag. 165.)

Les voituriers ne sont pas justiciables du tribunal de commerce pour les dépenses par eux faites dans une auberge. (Arrêt de la cour de Poitiers, du 1er mars 1844. *Journal du Palais*, 1844, tom. 2, pag. 187.)

RECOURS EN GARANTIE.

Les commissionnaires de transports sont garants des faits des commissionnaires intermédiaires auxquels ils adressent les marchandises. (Art. 99 C. de commerce.

La responsabilité imposée par l'art. 99 précité aux commissionnaires de transports par terre et par eau, ne pèse point sur le commissionnaire chargé d'une expédition *par mer*. Ainsi l'a jugé le tribunal de commerce de Marseille et après lui, la Cour d'Aix, le 13 avril 1825 : « Attendu (est-il dit dans ces décisions) que d'après l'art. 1994 du C. Nap., le mandataire n'est responsable de celui qu'il s'est substitué que lorsqu'il n'a pas reçu ordre de le faire ou que, ayant reçu ce pouvoir sans désignation de personne, celle dont il a fait choix était notoirement incapable ou insolvable ; qu'enfin, le commissionnaire qui se charge de faire effectuer une expédition par mer, n'est pas un commissionnaire par terre ou par eau dans le sens de l'art. 99 du C. de com.; qu'en conséquence, c'est dans le droit ordinaire qu'il faut puiser les règles de la garantie à laquelle il est assujetti. »

Le voiturier, actionné devant le tribunal de commerce comme responsable des marchandises qui lui ont été confiées, peut appeler en garantie devant le même tribunal, l'aubergiste chez lequel les marchandises ont péri par incendie, alors d'ailleurs qu'il est constant que l'action en garantie est sérieuse et n'a pas été imaginée pour distraire le défendeur de ses juges naturels. (Arrêt de la Cour de Cassation, du 27 février 1854 ; *Journal du Palais*, 1854, t. 1er, page 180.)

TABLE DES MATIÈRES.

—✄—

FIN DE LA TABLE.

Nimes, imprimerie D. Roger, à côté de l'église Saint-Paul.